Herbert Rösch

Schwäbisches Maultaschen-büchle

32 Maultaschenrezepte für Köche und Hausfrauen

mit 6 Cartoons von Heinz Schindele

3. Auflage

Hugo Matthaes
Druckerei und Verlag
GmbH & Co. KG
Stuttgart

ISBN 3-87516-193-9

Printed in Germany - Imprimé en Allemagne
Gesamtherstellung
Hugo Matthaes Druckerei und Verlag
GmbH & Co. KG, Stuttgart

Liebe Leserin! Lieber Leser!

Maultaschen, gekocht und dem Partner serviert, sind die reine Liebeserklärung, Zeichen echter Liebe und großer Treue. Maultaschen sind der allerbeste Ehekitt, der denkbar ist bei Schwaben. Maultaschen sind die Inkarnation des seligen Einverständnisses zwischen den Partnern, die Grundlage völliger Harmonie zwischen sich Liebenden. In einer Partnerschaft, in der feine, schwäbische Maultaschen miteinander gegessen werden, ist eine Scheidung oder Trennung glattweg undenkbar. Deshalb tut jedes junge Weib, das von einem Schwaben beschützt, getröstet und in Treue geliebt werden möchte, gut daran, die Kunst der Maultaschenherstellung nicht nur zu erlernen, sondern zu großer Perfektion zu bringen – und dann mindestens einmal in der Woche Maultaschen zu servieren. Nicht-Schwäbinnen sei dies erst recht empfohlen. ER wird es ewig danken. Und selbst in schlimmer Ehekrise (was gewiß auch mal vorkommen kann) wird er blitzartig gewahr, daß er ohne seine Partnerin auch auf deren deliziöse Maultaschen verzichten muß. Dieses Opfer aber, liebe Ehefrauen und Partnerinnen, wird er nicht gewillt sein, so ohne weiteres zu bringen. Nein, es dämmert ihm in einer solchen Situation, daß dann ein schöner Teil seines Lebens ruiniert wäre. – Er bleibt!

Sein Weib aufzugeben – im Zorn, das ist sehr schwer. Aber auch noch auf deren Küche zu verzichten – nein und abermals nein! Liebe und gutes Essen sind beinahe ein und dasselbe.

Das haben schon die Menschen ältester Kulturen gewußt. Dieses Wissen gilt es ständig und gewissenhaft zu kultivieren!

Aus der Sicht feiner internationaler Küche gehören Maultaschen in den feinsten Häusern zu den großen Spezialitäten. Sie haben eine lange Tradition. Maultaschen sind ein Zeichen großer Küchenkultur. Nicht umsonst gehören sie neben Automotoren, der Glühkerze, dem Zeppelin, dem politischen Liberalismus, dem Geist Hegels, Hölderlins, Schillers – um nur einige zu nennen – zu den großen Erfindungen der Schwaben.

Wenn man von den Schwaben spricht, sind die Alemannen gemeint, die in der Stauferzeit bis nach Afrika vordrangen und heute noch in Österreich, der Schweiz und im Elsaß siedeln, so wie sie in der ganzen Welt unverwechselbar anzutreffen sind. Seither auch die weltweite Ausbreitung der SCHWÄBISCHEN MAULTASCHEN.

Politisch gesehen wären Maultaschen ein Friedens-Bindeglied zwischen den Völkern – und Köchinnen und Gastwirte die besten Politiker.

Ein berühmter Schwabe hat einmal gesagt: „Ein Leben ohne Maultaschen ist wie die Erde ohne Sonne!"

Wichtige Vorbemerkungen

Es gibt keinerlei Reste der vorhergehenden Tage, die man nicht zusammen mit Maultaschen zu einem vorzüglichen Gericht zubereiten kann. Dabei sind der Phantasie keine Grenzen gesetzt. Außerdem heißen Maultaschen nicht umsonst in echten schwäbischen Familien „Herrgottsbscheißerle“ (weil man sie sogar am fleischlosen Freitag servieren kann). Denn das an Fastentagen verbotene Fleisch ist ja (wie angenehm!) in der Maultasche „versteckt“!

Und was besonders wichtig ist: Nicht nur sehr nahrhaft sind diese Maultaschen-Spezialitäten, nein, sie sind auch ungewöhnlich preiswert und schonen jede Haushaltskasse.

Grundrezept

Maultaschenbrühe

Rinderbouillon – Zutaten

4 Rindfleischknochen
1–2 Markknochen
1 Lauchstengel (Porree)
1 Selleriewurzel
1 grobgeschnittene Karotte
1 Tomate, halbiert
1/2 Zwiebel mit Schale
Prise Salz
Prise Pfeffer
2 Liter Wasser

Zubereitung

Alles zusammen ca. $1^1/_2$ bis 2 Stunden leicht auf kleiner Flamme kochen lassen (im Dampfkochtopf etwa 40 Minuten). Wenn von der Bouillon etwas übrigbleibt, gibt das eine exzellente Suppe, auch kann der Rest heiß mit einem rohen Ei und mit Muskat gewürzt serviert werden.

Anmerkung

Rinderbouillon, schwäbisch Fleischbrühe genannt, sollte niemals aus Brühwürfeln hergestellt werden, sondern grundsätzlich aus Rinderknochen. Berufstätige, die wenig Zeit haben, können sowohl Bouillon als auch Maultaschen auf Vorrat herstellen und tiefgefrieren (aber immer nur portionsweise bzw. für eine bestimmte Personenzahl). Alle Reste - Saucen, Gemüse, Braten, Gulasch usw. - können stets mit Maultaschen zusammen verwendet werden. Ihre Küche wird spürbar effektiver.

Grundrezept

Maultaschenteig

Zutaten für 4 Personen

350 g Mehl
3–4 Eier
etwa 3 Eßlöffel Wasser
1 Kaffeelöffel Essig
Salz

Zubereitung

Eier, Wasser, Essig und Salz mit dem Schneebesen kräftig schlagen, dann das Mehl darunterkneten. Der Teig soll ziemlich fest sein. So lange kneten, bis er glatt ist, dann 20 bis 30 Minuten zugedeckt stehenlassen. Den Teig anschließend möglichst lang ausrollen. Danach in Quadrate von 15 × 15 cm einteilen und schneiden. Natürlich kann man den Teig auch in Rauten, Rechtecke oder gewikkelt schneiden. Je nach Geschmack kann die Größe der einzelnen Teigstücke verändert werden.

Die Füllung in die Mitte der einzelnen Stücke geben und glattstreichen, jedoch nicht bis zum Rand, denn dieser wird mit einem Pinsel überall mit Eiweiß, Wasser, Milch oder Bier bestrichen. Es geht sogar mit einem guten Cognac, falls Sie sich beim Kochen gerade einen genehmigen wollen. Dann Rand auf Rand legen und mit dem Finger oder einer Gabel festdrücken. Nicht vergessen, dabei die Luft etwas aus der Maultasche zu drücken.

Die Maultaschen sofort in kochendes Salzwasser geben und 10 Minuten ziehen lassen. Danach herausnehmen und kalt werden lassen. Für 1 Portion rechnet man 3 Maultaschen.

Anmerkung

Die kluge Hausfrau macht gleich eine größere Menge Maultaschen und gefriert die nicht sofort benötigten Maultaschen in der Tiefkühltruhe ein.

Mr glaobt gar net,
wieviel en oin neigoht,
wemmer langsam tuat beim Essa,
ond a andrer zahlt's

Grundrezept

Maultaschenfüllung

Zutaten für 4 Personen

300 g Hackfleisch
1 Paar Landjäger
3 Eier
2 altbackene Brötchen
1 kleingehackte Zwiebel
2 Eßlöffel gehackte Petersilie
50 g Butter
Prise Pfeffer
Muskat
Salz

Zubereitung

Zwiebel, Petersilie und in Wasser eingeweichte und danach ausgedrückte Brötchen in Butter dämpfen, mit dem Hackfleisch, den kleingeschnittenen Landjägern vermengen und mit Pfeffer, Muskat und Salz würzen.

Abwandlung

Statt Hackfleisch kann natürlich auch das schwäbische Brät verwendet werden. Brät holt man in seiner Metzgerei. Auch kann man Braten- und Schinkenreste, durch den Wolf gelassen, für diese Maultaschenfüllung verwenden. Falls keine Landjäger zur Hand sind, genügt auch kleingewürfelter Speck. Je nach Geschmack können Sie die Füllung mit etwas Spinat oder Lauch anreichern. Bei vielen, vor allem sehr sparsamen Schwäbinnen darf eine Tasse gekochter Spinat nicht fehlen. Sie sollten beide Möglichkeiten ausprobieren.

Zu den Farbabbildungen

Bild 1

Maultaschen in der Brühe

Bild 2

Maultaschen, geschmälzt

Bild 3

Maultaschen mit Ei und Spinat

Bild 4

Maultaschen, geröstet

Wer nix schafft, muaß wenigstens guat essa ond trenka

Grundrezept

Schwäbischer Kartoffelsalat

Zutaten für 4 Personen

1 kg Salatkartoffeln
2 mittelgroße Zwiebeln
Öl
Essig
Salz
Pfeffer
1/4 l warme Fleischbrühe

Zubereitung

Die Kartoffeln kochen, aber nicht zu weich werden lassen. Dann die Kartoffeln abkühlen lassen, schälen, halbieren und in feine Scheiben schneiden.

Je eine halbe Tasse Essig und Öl sowie nach Geschmack Salz und Pfeffer hinzugeben. Dann Fleischbrühe darübergießen. Zwiebeln, fein geschnitten, hinzugeben. Dann das Ganze vorsichtig vermengen, aber keinesfalls verrühren. Danach den Kartoffelsalat „ziehen“ lassen, d. h. mindestens zwei Stunden zugedeckt in der Küche (nicht im Kühlschrank) stehenlassen. Gegebenenfalls kurz vor dem Servieren nachwürzen.

Im württembergischen Unterland sowie in der Freiburger Gegend wird der Kartoffelsalat auch noch mit einer mittelgroßen Salatgurke, in feine Scheiben geschnitten, angereichert.

’s geit nix Besseres als ebbes Guats

So wird es gemacht

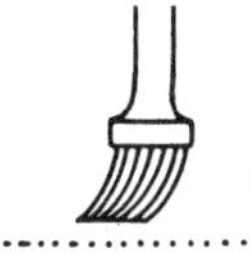

Mit dem Pinsel den Rand .... mit Wasser, Eiweiß oder Bier bestreichen

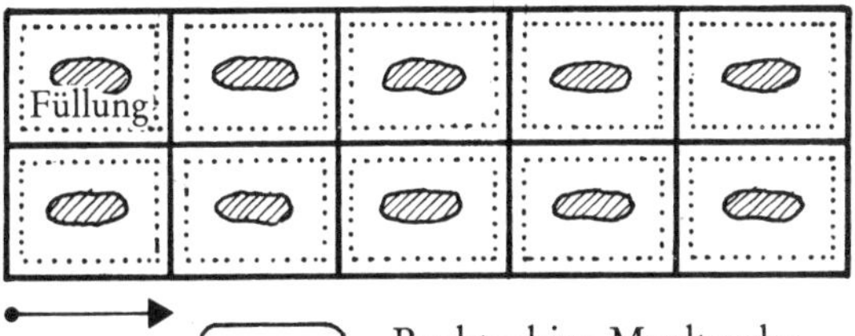

Rechteckige Maultasche nach dem Zusammenfalten

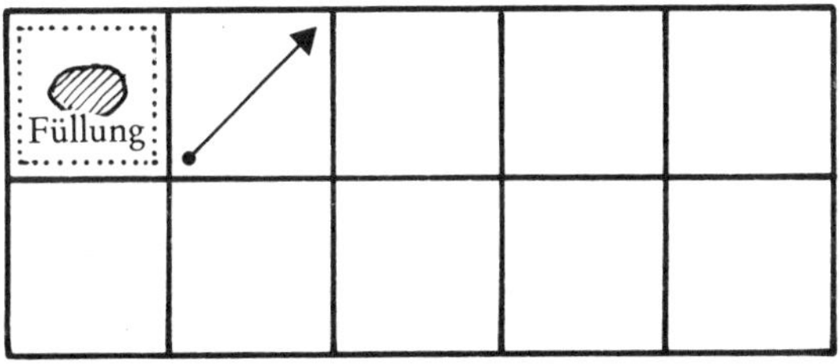

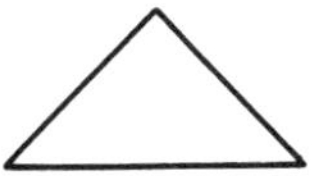

Quadratische Maultasche nach dem Zusammenfalten

Maultaschen gibt es nicht nur als Rechtecke, sondern auch als Vierecke, auch schiefwinklig geschnitten oder zu Dreiecken gefaltet. Der Phantasie des einzelnen sind keine Grenzen gesetzt.

Rezept 1

Schwabenglück

(ebbes Guats en dr Brieh)

in reiner Rinderbouillon gekocht

Dieses Gericht ist jedem Schwaben bekannt und zu allen Zeiten begehrt, selbst bei sehr feierlichen Anlässen.

Zutaten für 4 Personen

4 Rindfleischknochen
2 Markknochen
1 Lauchstengel (Porree)
1 Stück Selleriewurzel
1 grobgeschnittene Karotte
1 Tomate, halbiert
1/2 Zwiebel mit Schale
1 Lorbeerblatt
2 Wacholderbeeren
2 Liter Wasser
Prise Salz
Prise Pfeffer

Zubereitung

Alles zusammen etwa $1^1/_2$ Stunden auf kleiner Flamme kochen (im Dampfkochtopf etwa 45 Minuten).

Pro Person 3 Maultaschen, also 12 Maultaschen 10 Minuten in Salzwasser kochen, dann herausnehmen und in die heiße Brühe mit Schnittlauch oder Petersilie geben. Mit etwas Muskat würzen und heiß servieren.

Eine echte Schwäbin serviert dazu einen gut feuchten Kartoffelsalat sowie eine Scheibe Schwarzbrot.

Anmerkung

Es ist eine alte schwäbische Streitfrage, in welcher Reihenfolge Maultaschen in der Brühe und Salat gegessen werden sollen. Es steht jedem frei, die Brühe zuerst auszulöffeln und dann die Maultaschen mit Kartoffelsalat und eventuell anderen frischen Salaten zu essen oder aber deftig-schwäbisch den Kartoffelsalat direkt in die Brühe zu geben.

Nachtisch

Käse mit Schwarzbrot.

Trinkempfehlung

Was man möchte (z. B. einen schweren Rotwein).

Schwabenglück

Rezept 2

Graf Eberhard

(Württembergs geliebter Herr)

in Zwiebelschmälze

Dieses Gericht paßt zu jeder Gelegenheit.

Zutaten für 4 Personen

150 g Butter
4 in Ringe geschnittene,
mittlere Zwiebeln
Petersilie
12 Maultaschen
2 l Rinderbouillon

Zubereitung

Maultaschen in heißer Bouillon 10 bis 15 Minuten ziehen lassen.
Butter leicht bräunen, Zwiebeln dazugeben und ebenfalls bräunen lassen. Maultaschen auf die Teller verteilen und Zwiebelschmälze darübergeben. Mit Petersilie hübsch garnieren.
Dazu serviert man Kartoffelsalat oder eine Salatplatte.

Nachtisch

Frisches Obst.

Trinkempfehlung

Dazu paßt ein guter Most oder ein frisches Bier.

Rezept 3

Studententrost

(bitter nötig)

mit Tomatensauce und Käse

Dieses Gericht ist leicht zuzubereiten und schmeckt herzhaft.

Zutaten für 4 Personen

12 Maultaschen
2 l Rinderbouillon
500 g Tomaten oder eine Literdose geschälte Tomaten
4–5 Eßlöffel Oliven- oder Pflanzenöl
1 mittelgroße Zwiebel
250 g Rauchfleisch oder 150 g Salami
40–50 g Butter
2 Eßlöffel Instantmehl
1/8 l Bouillon, 2—3 Eßlöffel Sahne
8 Eßlöffel geriebener Emmentaler Käse
Salz, Pfeffer, Rosenpaprika
2 Prisen getrocknetes Basilikum oder Oregano
1 Prise Zucker

Zubereitung

Maultaschen in heißer Rinderbouillon 10 bis 15 Minuten ziehen lassen.

Tomaten einritzen und mit kochendem Wasser überbrühen, bis die Tomaten bedeckt sind, dann die Haut abziehen. Wer keine Zeit hat, nimmt geschälte Tomaten aus der Dose.

In eine Kasserolle Öl geben. Zwiebel, Rauchfleisch oder nach Geschmack Salami, alles kleingeschnitten, dazugeben und einige Minuten dünsten. Dann die geschälten Tomaten dazugeben, außerdem je nach Geschmack Salz, Pfeffer und Rosenpaprika, Basilikum oder Oregano sowie Zucker. Alles umrühren, bis die Tomaten zu Mus verkocht sind, dann passieren.

Für eine Mehlschwitze kommen Butter und Instantmehl in eine zweite Kasserolle. Umrühren, bis sich Mehl und Butter gebunden haben. Vom Feuer nehmen.

Passiertes und Mehlschwitze vermengen, dabei auf kleiner Flamme unter ständigem Rühren Bouillon und Sahne dazugeben. Maultaschen hineinlegen und etwa 8 bis 10 Minuten bei kleiner Flamme ziehen lassen, herausnehmen und in eine beliebige feuerfeste Form oder vier Portionenformen geben. Hierüber kommt die Tomatensauce. Auf je eine Portion Maultaschen 2 Eßlöffel Käse streuen. Formen in den angeheizten Backofen schieben, bis der Käse zerlaufen ist.

Dazu Kartoffelsalat oder verschiedene Salate der Saison servieren.

Nachtisch

Gezuckertes Apfelmus mit einer guten Prise Zimt.

Trinkempfehlung

Heller Rotwein (Trollinger) oder Exportbier.

Mit leerem Wampa
ist nicht gut
gampa

Rezept 4

Attempto

(ich wag's)

mit Eiersauce und feinem Kräuterkäse

Zutaten für 4 Personen

12 Maultaschen
2 l Rinderbouillon
2 gehäufte Eßlöffel Butter
oder Margarine
2 kleingehackte Zwiebeln
2–3 Eßlöffel Instantmehl
1/2 l Bouillon
1/4 l Sahne oder Milch
4–6 Eigelb (je nach Größe der Eier)
1 knapper Eßlöffel Zitronensaft
200 g Kräuterkäse
Salz
Zucker
Pfeffer
Muskat
1 Bund Petersilie, fein gehackt

Zubereitung

Maultaschen in heißer Rinderbouillon 10 Minuten ziehen lassen.

Eiersauce: Butter oder Margarine in der Kasserolle schmelzen, kleingehackte Zwiebeln hineingeben und leicht andünsten. Instantmehl einrühren und sofort mit Bouillon und Sahne oder Milch auffüllen. Bei kleinem Feuer ständig rühren, bis Blasen entstehen, dann vom Feuer nehmen. Zunächst Eigelb und Zitronensaft, danach Kräuterkäse und Petersilie einrühren. Mit Salz und Pfeffer, Muskat und Zucker abschmecken.

Maultaschen aus der heißen Bouillon nehmen, entweder auf 4 tiefe Teller oder in eine große Schüssel geben und dann Eiersauce darübergießen. Petersilie daraufstreuen.

Dazu Salate aller Art oder auch nur Kartoffelsalat reichen.

Nachtisch

Früchtejoghurt.

Trinkempfehlung

1 Flasche Pilsner.

Mit dr Gabel isch a Ehr,
mit em Löffel
kriagt mr mehr

Rezept 5

Professorenvesper

(im Eierdotsch)

mit Tomaten und Eiern überbacken

Zutaten für 4 Personen

12 Maultaschen
2 l Rinderbouillon
4 Tomaten
Prise Salz
Pfeffer
Rosmarin
1 Handvoll Petersilie
12 Eier
Prise Muskat

Zubereitung

Maultaschen in heißer Rinderbouillon 10 Minuten ziehen lassen.
Frische Tomaten in Scheiben schneiden und in eine beliebige feuerfeste Form oder 4 kleine Portionenformen geben. Prise Salz, Pfeffer und Rosmarin daraufstreuen und ca. 5 Minuten in den vorgeheizten Backofen schieben. Maultaschen aus der heißen Brühe nehmen und auf die Tomaten legen. Eier kurz schaumig rühren, Salz, Pfeffer und Petersilie dazugeben und gleichmäßig auf die Maultaschen verteilen. Etwas Muskat darüberstreuen. In den heißen Backofen schieben und nach 5 bis 10 Minuten, nachdem die Eier aufgegangen sind, herausnehmen und schnell servieren.
Dazu eine Salatplatte oder Kartoffelsalat reichen.

Nachtisch

Eingemachte Kirschen mit einem Sahnetupfen.

Trinkempfehlung

$^{1}/_{4}$ l heller Rotwein oder Rosé.

Viel essa isch koi Konst,
aber viel schaffa

Rezept 6

Spinatwachtel

(zärtliche schwäbische Bezeichnung für fleißige Ehefrauen)

mit feinem Rahmspinat und Ei

Es ist ein sehr aromatisches und gesundes Gericht.

Zutaten für 4 Personen

12 Maultaschen
2 l Rinderbouillon
4 rohe Eier
1500 g Rahmspinat
oder frischer Spinat
3 Eßlöffel Margarine
1/4 l Vollmilch oder Sahne
1/2 geriebene Muskatnuß
Prise Salz
1/2 Eßlöffel weißer geriebener Pfeffer

Zubereitung

Maultaschen in heißer Rinderbouillon 10 Minuten ziehen lassen.

Frischen Spinat wie gekauft etwa 10 Minuten in Salzwasser kochen. Salzwasser darf Spinat im Topf nicht überdecken. Spinat passieren.

In einer Kasserolle Margarine zergehen lassen. Spinat dazugeben und mit Vollmilch oder Sahne, Muskatnuß und Salz, je nach Geschmack, sowie weißem Pfeffer gut durchrühren.

Verwendet man statt frischem Spinat tiefgefrorenen Rahmspinat, so muß man diesen auftauen, erhitzen und mit Salz, Pfeffer und Muskat abschmecken.

Maultaschen aus der heißen Brühe nehmen und auf warme Teller verteilen, Spinat darübergeben und auf jede Portion ein Spiegelei setzen.

Dazu gehören keine weiteren Beilagen.

Nachtisch

Halbierte gebratene Bananen mit gerösteten Walnüssen und Honig.

Trinkempfehlung

1 Obstler, 1 Bier.

Spinatwachtel

Rezept 7

Gôgawitz

(Tübinger Eingeborenenhumor)

in weißer Tübinger Sauce

Zutaten für 4 Personen

12 Maultaschen
2 l Rinderbouillon
80–100 g Margarine
3–4 Eßlöffel Instantmehl
3/4 l Frischmilch
2–3 Eigelb
1/8 l geschlagene Sahne
Salz
weißer Pfeffer
Muskat
Prise Zucker
Petersilie oder Schnittlauch

Zubereitung

Maultaschen in heißer Rinderbouillon 10 Minuten ziehen lassen.

Béchamelsauce: Margarine im Topf zerlaufen lassen, dann Instantmehl einrühren, bis die Masse zu dicken beginnt. Frischmilch dazugeben und auf kleinem Feuer rühren. Ist die Sauce sämig, Eigelb einrühren. Weiterrühren, bis Blasen aufsteigen. Danach Salz, Pfeffer, Muskat und Zucker dazugeben. Vom Feuer nehmen und Sahne unterziehen.

Inzwischen Maultaschen aus der heißen Brühe nehmen und auf 4 tiefe Teller verteilen und Sauce darübergießen. Petersilie oder Schnittlauch daraufstreuen.

Dazu gibt es Salate der Saison, wenn möglich, mit Kartoffelsalat.

Nachtisch

1 Stück Apfelkuchen mit Sahne.

Trinkempfehlung

Tübinger oder ein anderer sehr trockener Weißwein.

Rezept 8

Raubautz

(etwas grobschlächtiger, herzlich-freundlicher, ehrlicher Schwabe)

mit Schwarzwurzeln, weißer Sauce und gekochtem Schinken

Zutaten für 4 Personen

12 Maultaschen
2 l Rinderbouillon
750 g frische Schwarzwurzeln
1 l kaltes Wasser, 2 Eßlöffel Essig
1 Eßlöffel Mehl
1 l Wasser mit Salz und 2 EL Essig
50 g Butter
2 gehäufte Eßlöffel Mehl
1 Tasse Bouillon
Prise Salz, Prise Zucker
Saft von $1/2$ Zitrone
$1/8$ l saure Sahne
4×20 g Butter
200 g gekochter Schinken, in Streifen geschnitten
1 Handvoll Petersilie

Zubereitung

Maultaschen in heißer Rinderbouillon 10 bis 12 Minuten ziehen lassen. Schwarzwurzeln waschen, schaben und in Stücke schneiden. Diese Stücke sofort in eine Schüssel mit Wasser legen, in das man Essig und Mehl gerührt hat.

Wasser mit Salz und Essig zum Kochen bringen. Dann die Schwarzwurzeln zugeben und ca. 1/2 Stunde kochen lassen. Sodann mit einem Schaumlöffel herausnehmen.

Butter in einem heißen Topf zergehen lassen und mit Mehl verrühren, dann andämpfen. Bouillon zugeben und kräftig rühren, bis eine glatte Creme entsteht. Danach mit Salz, Zitronensaft und Zukker würzen.

In diese gewürzte Creme Sahne einrühren und dann Schwarzwurzeln und Schinken hinzugeben.

Maultaschen aus der heißen Brühe nehmen und auf 4 tiefe Teller verteilen. Darüber das fertige Schwarzwurzelgemüse geben. Auf jede Portion kommt etwas Butter.

Portionen vor dem Servieren mit Petersilie garnieren.

Nachtisch

1 Stück schwäbischer Käsekuchen.

Trinkempfehlung

1 Flasche Pilsener Bier.

Zom Freßsack isch koiner gebora, aber uffzoga

Rezept 9

Faules Eck

(Basis großer Gedanken)

in feiner Bratensauce mit Zwiebeln

Zutaten für 4 Personen

12 Maultaschen
2 l Rinderbouillon
3–4 Päckchen Markenbratensauce
(oder eigene Bratensauce)
4 Eßlöffel schwäbischer Rotwein
4 feingeschnittene, kleine Zwiebeln
1 Eßlöffel Sherry oder Rotwein
Butter
Petersilie oder Schnittlauch

Zubereitung

Maultaschen in heißer Rinderbouillon 10 Minuten ziehen lassen.

Bratensauce: In einen halben Liter kaltes Wasser Markenbratensauce einrühren und zum Kochen bringen. Rotwein dazugeben. Dann Zwiebeln in Butter andünsten und in die heiße Sauce geben.

Sollten Sie vom Vortag noch Sauce vom Braten übrig haben, nehmen Sie diese und rühren Sie 4 kleine, geschnittene und gedünstete Zwiebeln ein. Geben Sie nach Möglichkeit einen Schuß Sherry oder Rotwein hinein.

Inzwischen Maultaschen aus der heißen Brühe nehmen (diese für eine gute Suppe am nächsten Tag verwenden), auf 4 tiefe Teller verteilen, dann die Sauce darübergießen und mit Petersilie oder Schnittlauch servieren.

Dazu gibt es schwäbischen Kartoffelsalat.

Nachtisch

Warme Käsestangen oder eine kleine Scheibe Schwarzbrot mit viel Butter und Käse.

Trinkempfehlung

1 Glas schwäbischer Rotwein.

Noch m Essa
hot scho mancher Faule
's Schaffa vergessa

Rezept 10

Raupagaude

(oder: Euphorie)

in Rosenkohl gebettet

Zutaten für 4 Personen

12 Maultaschen
2 l Rinderbouillon
60–80 g Margarine
3–4 Eßlöffel Instantmehl
1/2 l kaltes Wasser
1/4 l Sahne
Salz
weißer Pfeffer
2 Messerspitzen Muskat
1 Prise Zucker
24–32 Köpfchen Rosenkohl
1 Handvoll Petersilie oder Schnittlauch

Zubereitung

Maultaschen in heißer Rinderbouillon etwa 10 Minuten ziehen lassen.

Weiße Sauce: Margarine im Topf zerlaufen lassen, dann Instantmehl dazugeben, bis die Masse zu dicken beginnt. Wasser und Sahne unter ständigem Rühren auf mittlerer Hitze dazugeben, bis sich Blasen zeigen. Danach Salz und Pfeffer sowie Muskat und Zucker einrühren. Frischen, gewaschenen oder tiefgefrorenen Rosenkohl in Salzwasser weich kochen. Salzwasser abgießen und Köpfchen in die fertige weiße Sauce geben.

Maultaschen aus der heißen Brühe nehmen, auf 4 tiefe Teller verteilen und Sauce mit dem eingerührten Rosenkohl darübergeben. Mit Petersilie oder Schnittlauch garnieren.

Dazu gibt es eine Scheibe kerniges Schwarzbrot.

Nachtisch

Konservierte Williams Christbirnen mit Sahnetupfen.

Trinkempfehlung

1 Glas Most oder Bier.

Lieber en Ranza vom Essa als en Buckl vom Schaffa

Rezept 11

Maugaueschtle

(Munkelplätzchen für gescheite Leute)

mit gekochtem Schinken in pikanter Tomatensauce

Zutaten für 4 Personen

12 Maultaschen
2 l Rinderbouillon
500 g Tomaten oder eine Literdose geschälte Tomaten
1 kleingehackte Zwiebel
4 Eßlöffel Oliven- oder Pflanzenöl
200–250 g kleingeschnittenes Rauchfleisch (durchwachsener Speck)
100–125 g kleingeschnittene Salami
Salz, Pfeffer, Rosenpaprika, Prise Zucker
Prise Rosmarin (gemahlen)
2 Prisen getrocknetes Basilikum oder Oregano, 40–50 g Butter
2 Eßlöffel Instantmehl
8 Scheiben gekochter Schinken je 25 g
3–4 Eßlöffel Sahne
Petersilie

Zubereitung

Maultaschen in heißer Rinderbouillon 10 bis 15 Minuten ziehen lassen.

Pikante Tomatensauce: Tomaten einritzen und mit kochendem Wasser übergießen, bis die Tomaten bedeckt sind. Nach wenigen Minuten ist es möglich, die Haut abzuziehen. Wer keine Zeit hat, kann auch geschälte Tomaten aus der Dose nehmen.

In eine Kasserolle Oliven- oder Pflanzenöl geben und auf mittlerem Feuer wärmen. Dazu Zwiebel, Rauchfleisch und Salami hineingeben. Einige Minuten andünsten, dann die geschälten Tomaten dazugeben. Mit Salz, Pfeffer und Rosenpaprika, Zucker, Rosmarin und Basilikum oder Oregano abschmecken. Das Ganze gut durchrühren und auf mittlerem Feuer halten, bis die Tomaten zerkocht sind. Danach diese Masse passieren.

Butter und Instantmehl in einer zweiten Kasserolle bei schwachem Feuer umrühren, bis sie gebunden sind. Vom Feuer nehmen und Passiertes dazugeben. Auf kleiner Flamme unter ständigem Rühren einen halben Liter Rinderbouillon aus dem Topf mit den Maultaschen und Sahne unterziehen.

Maultaschen aus der heißen Brühe nehmen und auf 4 tiefe Teller verteilen. Je Portion zwei Scheiben Schinken auflegen und Tomatensauce darübergießen, dann mit Petersilie bestreuen.

Dazu gibt es entweder gemischten Salat oder nur Kartoffelsalat.

Nachtisch

1 Stück Erdbeerkuchen oder anderer Obstkuchen mit Sahne.

Trinkempfehlung

1 Glas schwäbischer Rotwein.

Do send d Leit gern,
wo mr vor lauter Floisch
koi' Sauerkraut
meh sieht

Rezept 12

Nordseeb'such

(oder: eine freudige Überraschung)

in feiner Currysauce
mit Nordseekrabben

Zutaten für 4 Personen

12 Maultaschen
2 l Rinderbouillon
100 g Margarine
3–4 Eßlöffel Instantmehl
1/2 l kaltes Wasser
1/4 l Sahne
Salz
weißer Pfeffer
1 TL Currypulver
1 Prise Zucker
2 Prisen getrockneter Dill oder Estragon
1 Kaffeelöffel Zitronensaft
200 g Nordseekrabben

Zubereitung

Maultaschen in heißer Rinderbouillon 10 bis 15 Minuten ziehen lassen. Feine Currysauce: Margarine im Topf zerlaufen lassen. Dann Instantmehl einrühren, bis die Masse zu dicken beginnt. Sofort Wasser und Sahne unter ständigem Rühren dazugeben, bis sich Blasen zeigen. Danach Salz, Pfeffer, Zucker, Curry, Zitronensaft sowie Dill oder Estragon einrühren. Nordseekrabben – tiefgefrorene Krabben vorher auftauen lassen – in die fertige Currysauce geben. Maultaschen aus der heißen Brühe nehmen und auf 4 tiefe Teller verteilen. Die heiße Krabben-Currysauce darübergeben. Eventuell mit etwas Dill garnieren. Dazu gibt es Salate jeder Art.

Nachtisch

Gemischtes Eis.

Trinkempfehlung

Trockener Weißwein; es kann auch ein fränkischer Bocksbeutel sein.

Rezept 13

Burgsteige

(Mittelpunkt der Welt)

mit weißer Sauce und feinem Spargel

Zutaten für 4 Personen

12 Maultaschen
2 l Rinderbouillon
1/8 l Sahne
3/8 l Fleischbrühe
6 Eigelb
2 Kaffeelöffel Zitronensaft
100–150 g warme, flüssige Butter
4–8 Stangen Spargel, kleingeschnitten
Prise Salz
Pfeffer
feingeschnittener Schnittlauch
1 Kaffeelöffel frischer Dill
ca. 100 g geriebener Goudakäse

Zubereitung

Maultaschen in heißer Rinderbouillon 10 Minuten ziehen lassen.

Sauce hollandaise: Grundsätzlich im Wasserbad herstellen, d. h., ein kleiner Topf, der in einem größeren Topf hängt, nimmt die Zutaten auf. Der größere ist mit heißem Wasser gefüllt. Fleischbrühe und Sahne, abgekühlt oder kalt, in den kleine Topf geben, dann Eigelb, Zitronensaft, Dill, Salz und Pfeffer einrühren. Diese Masse so lange mit dem Rührbesen schlagen, bis sie zu dicken beginnt. In diese Masse langsam die Butter geben. Sollte die Masse zu dick geraten, sie mit der übrigen Fleischbrühe verdünnen.

Maultaschen aus der heißen Brühe nehmen und auf 4 tiefe Teller verteilen. Darauf die Spargelstücke legen. Darüber heiße Sauce hollandaise geben, Schnittlauch darüberstreuen oder, was noch rezenter ist, mit geriebenem Goudakäse bestreuen und kurz im heißen Backofen anbräunen lassen.

Dazu gibt es verschiedene Salate.

Nachtisch

Apfel im Schlafrock.

Trinkempfehlung

Trockener Weißwein.

Burgsteige

Rezept 14

Lugabeutel

(oder: die relative Wahrheit)

in Lauchgemüse versteckt

Zutaten für 4 Personen

12 Maultaschen
2 l Rinderbouillon
1000 g frischer Lauch
100 g Butter oder Margarine
1 feingeschnittene Zwiebel
1 gehäufter Eßlöffel Instantmehl
1/4 l Bouillon
1 Prise Salz
weißer Pfeffer
1/8 l frische Sahne
1 halbe geriebene Muskatnuß
1 Eßlöffel Zitronensaft
1 Handvoll Schnittlauch

Zubereitung

Maultaschen in heißer Rinderbouillon etwa 10 Minuten ziehen lassen.

Lauch in Ringe schneiden, waschen, in nur kurz aufkochendes Salzwasser geben und 15 Minuten ziehen lassen, dann Salzwasser abgießen. Auf kleiner Flamme Butter oder Margarine in einer Kasserolle zerlaufen lassen, Zwiebel dazugeben und glasig dämpfen. Instantmehl dazugeben, mit Bouillon ablöschen und umrühren. Abgetropftes Lauchgemüse hinzufügen, mit Muskat, Salz, Pfeffer und Zitronensaft abschmecken. Danach vom schwachen Feuer nehmen und Sahne darunterrühren.

Statt frischem Lauchgemüse kann auch tiefgefrorener Porree verwendet werden. Dann rührt man nur etwas Muskat und 4 Eßlöffel Sahne unter das aufgetaute Gemüse.

Maultaschen aus der heißen Brühe nehmen, auf 4 Teller oder in eine Kasserolle geben und mit dem Lauchgemüse bedekken. Zur Garnierung Schnittlauch darüberstreuen. Heiß servieren!

Nachtisch

Apfelstrudel mit Sahne.

Trinkempfehlung

Dunkler Rotwein, z. B. Spätburgunder.

**Liaber da' Maga verrenka,
als em Wirt
ebbes schenka**

Rezept 15

Sowohl als auch

(oder: schwäbisch-alemannische Grundphilosophie – Hegel war Schwabe –)

mit zarten Paprikaschoten, verschiedenen Nußsorten, Ananas und Rosinen, mit Käse überbacken

---

Zutaten für 4 Personen

12 Maultaschen
2 l Rinderbouillon
2 rote, 2 gelbe, 2 grüne Paprikaschoten
130 g Butter
160 g Nüsse nach Wahl
(Hasel-, Erd-, Walnüsse u. a.)
Salz
Pfeffer
4 Ananasscheiben
2 gehäufte Eßlöffel Rosinen
200 g geriebener Käse
1 Handvoll Petersilie

Zubereitung

Maultaschen in heißer Rinderbouillon 10 bis 15 Minuten ziehen lassen.

Paprikaschoten in Streifen schneiden, Kerne entfernen und in 50 g Butter kurz andünsten. Salz und Pfeffer dazugeben und gut durchrühren.

Nüsse grob hacken und in 80 g Butter gut anrösten. Danach vom Feuer nehmen und Ananas, in Stücke geschnitten, dazugeben, dann noch einmal kurz aufs Feuer stellen und etwas bräunen lassen. Vom Feuer nehmen, Rosinen dazugeben und unter die warmen Paprikaschoten ziehen. Maultaschen aus der heißen Brühe nehmen und auf 4 tiefe Teller verteilen. Das Gemüse darübergeben. Käse darüberstreuen, Teller in die vorgeheizte Backröhre schieben, bis der Käse zerlaufen ist. Vor dem Servieren Gericht mit Petersilie bestreuen.

Nachtisch

Vanilleeis mit Früchten aus dem Rumtopf.

Trinkempfehlung

1 Glas trockener Weißwein.

Kommet r glei noch em Kaffee,
no könnet r zom Nachtessa
wieder drhoim sei'

Rezept 16

Schwabenstreich

(„Als Kaiser Rotbart lobesam ins Heil'ge Land gezogen kam ...")

mit Käse und Pinienkernen

Zutaten für 4 Personen

12 Maultaschen
2 l Rinderbouillon
200 g Butter
200 g Pinienkerne
1 gehäufter Kaffeelöffel Gewürz „Fines herbes aux Provence"
200 g geraspelter Emmentaler Käse
Salz
Pfeffer
Zwiebelsalz

Zubereitung

Maultaschen in heißer Rinderbouillon etwa 10 Minuten ziehen lassen.
Butter in eine Kasserolle geben, bei kleinem Feuer leicht bräunen. Pinienkerne dazugeben und leicht anrösten. Gewürz „Fines herbes aux Provence" untermengen und mit Salz, Pfeffer und Zwiebelsalz abschmecken. Kasserolle vom Feuer nehmen und Käse daruntermischen, bis dieser zerlaufen ist.
Maultaschen aus der heißen Brühe nehmen und auf 4 Teller verteilen. Masse gleichmäßig darübergeben.
Dazu gibt es frischen, schwachgewürzten Kartoffelsalat.

Nachtisch

Gezuckerter frischer Obstsalat mit einem Schuß Himbeergeist.

Trinkempfehlung

1 Glas Sekt mit Johannisbeersaft.

Rezept 17

Omale

(Großmutters ganzer Stolz)

Feingeröstete Maultaschen
nach ältester Überlieferung

Zutaten für 4 Personen

12 Maultaschen
2 l Rinderbouillon
80 g Margarine
12 frische Eier
4 Prisen Salz
4 Prisen Pfeffer
4 Handvoll Petersilie
160 g geriebener Emmentaler Käse

Zubereitung

Maultaschen in heißer Rinderbouillon etwa 10 Minuten ziehen und dann abkühlen lassen. In Scheiben schneiden und portionsweise je 3 Maultaschen in einer großen Pfanne in erhitzter Margarine bei mittlerem Feuer anrösten. Über jede Portion gibt man 3 Eier, verrührt mit einer Prise Salz und Pfeffer sowie 40 g Käse und läßt die Eier wie bei einem Omelett zunächst auf der einen, dann auf der anderen Seite backen. Auf diese Weise bereitet man jede Portion gesondert zu. Vor dem Servieren gibt man Petersilie darüber.

Dazu gibt es schwäbischen Kartoffelsalat.

Nachtisch

Apfelkompott mit viel Zimt und Zucker.

Trinkempfehlung

Frisches Bier.

Rezept 18

Fernweh

(schwäbischer Urtrieb)

mit gedämpftem Paprikagemüse,
mit Käse überbacken

Zutaten für 4 Personen

12 Maultaschen
2 l Rinderbouillon
2 grüne, 2 gelbe, 2 rote Paprikaschoten
4 mittelgroße Zwiebeln
150 g Margarine oder Pflanzenöl
Salz
weißer Pfeffer
1 Eßlöffel gekörnte Brühe
200 g bzw. 8 EL geriebener Emmentaler
oder Goudakäse

Zubereitung

Maultaschen in heißer Rinderbouillon ca. 10 Minuten ziehen lassen.
Paprikaschoten waschen, Kerne und Stiele entfernen, dann in Streifen schneiden; Zwiebeln in Ringe schneiden. Margarine oder Pflanzenöl in eine Kasserolle geben. Geschnittene Zwiebeln sowie Paprikaschoten hinzufügen und bei mittlerem Feuer weich dünsten. Salz, Pfeffer und gekörnte Brühe dazugeben. Vom Feuer nehmen.
Maultaschen auf die Teller verteilen, dann das gedünstete Gemüse darübergeben. Käse darüberstreuen und im heißen Backofen überbacken, bis der Käse angebräunt ist.
Dazu gibt es eine Salatplatte.

Nachtisch

Käseaufschnitt mit Roggenbrot.

Trinkempfehlung

Süffiger Kaiserstühler Müller-Thurgau.

Rezept 19

Fernweh

(für Hanabüachene)

mit gedämpftem Paprikagemüse und Peperoni, mit Käse überbacken

---

Zutaten für 4 Personen

12 Maultaschen
2 l Rinderbouillon
2 grüne, 2 gelbe, 2 rote Paprikaschoten
4 mittelgroße Zwiebeln
150 g Margarine
Salz
weißer Pfeffer
1 Kaffeelöffel gekörnte Brühe
200 g geriebener Emmentaler oder Goudakäse
4 Peperoni aus dem Glas

Zubereitung

Maultaschen in heißer Rinderbouillon ca. 10 Minuten ziehen lassen.
Paprikaschoten und Zwiebeln wie im Rezept 18 vorbereiten und zusätzlich Peperoni hineinschneiden, dann alles dünsten. Weiteres Vorgehen siehe ebenfalls Rezept 18.
Dazu gibt es einen Teller gemischten Salat.

Nachtisch

2 halbe konservierte Birnen mit etwas heißer Schokolade und Vanilleeis.

Trinkempfehlung

Leichter trockener Weißwein.

Rezept 20

Schleckergöschle

(weiblicher schwäbischer Gourmet)

mit gerösteten Walnüssen und Honig

Zutaten für 4 Personen

12 Maultaschen
2 l Rinderbouillon
200 g Butter
150–200 g Walnüsse, grob gehackt
4 ganze Walnüsse
8 Eßlöffel Honig
einige konservierte Kirschen

Zubereitung

Maultaschen in heißer Rinderbouillon ca. 10 bis 15 Minuten ziehen lassen. Butter erhitzen und gehackte Walnüsse dazugeben, dann vorsichtig bei kleinem Feuer anrösten. Flüssiges Fett abgießen und Honig untermischen, dann auf die warmen Maultaschen, die auf vier Teller gleichmäßig verteilt wurden, geben. Mit ganzen Walnüssen und Kirschen garnieren.

Dazu gibt es grünen Salat.

Nachtisch

Camembertkäse mit Toastbrot.

Trinkempfehlung

Orangensaft mit einem Schuß Sekt.

Maultascha ond Kraut
hen scho oft
a Figur versaut

Schleckergöschle

Rezept 21

Wildschütz

(uraltes Hobby der Schwaben, nicht erlaubt, aber schön)

mit Rahmbratensauce, Pilzen und gerösteten Haselnüssen

Zutaten für 4 Personen

12 Maultaschen
2 l Rinderbouillon
1/2 l kaltes Wasser
2 Päckchen Markenbratensauce
4 Eßlöffel schwäbischer Rotwein
4 kleine Zwiebeln
100 g Butter
1 Schuß Sherry
1/4 l Rahm, Vollmilch oder Crème fraîche
200 g Butter
125 g Haselnüsse, halbiert
2 Döschen Champignons
1 Eßlöffel gekörnte Brühe
1 Prise Salz, Pfeffer
1 Handvoll Petersilie

Zubereitung

Maultaschen in heißer Rinderbouillon 10 bis 15 Minuten ziehen lassen.

Bratensauce: siehe Rezept 9, jedoch noch Rahm, Vollmilch oder Crème fraîche hinzufügen.

Butter in einer Kasserolle erhitzen, Haselnüsse dazugeben und vorsichtig anrösten. Wenn die Haselnüsse braun sind, Champignons ohne Wasser dazugeben und ebenfalls andünsten. Salz, Pfeffer und gekörnte Brühe hinzufügen, umrühren und vom Feuer nehmen. Flüssigkeit abgießen, Haselnüsse und Pilze in die Sauce einrühren.

Maultaschen aus der heißen Brühe nehmen und auf 4 tiefe Teller verteilen. Sauce darübergeben, Gericht mit Petersilie garnieren und heiß servieren.

Dazu gibt es Salat jeder Art.

Nachtisch

Gebackene Apfelküchle mit Zimt und Zucker.

Trinkempfehlung

Schwäbischer Wein (Trollinger).

Mr lernt anander erscht kenna,
wenn mr mitanander
aus oiner Schüssel ißt

Rezept 22

I mog di

(höchste schwäbische Liebeserklärung, auch Eheversprechen nach Maultaschengenuß)

mit zartem Blumenkohl, Hohenzollern-sauce und gekochtem Schinken

---

Zutaten für 4 Personen

12 Maultaschen
2 l Rinderbouillon
1 großer frischer Blumenkohl
1/2 l kalte Fleischbrühe
4–5 Eigelb
4 Kaffeelöffel Zitronensaft und
Saft 1/2 Zitrone
250 g Butter
200 g gekochter Schinken
200 g geriebener Emmentaler
oder Goudakäse
Salz, weißer Pfeffer
Muskat
1 Prise Cayennepfeffer
1 Prise Safran
1 Handvoll Petersilie

Zubereitung

Maultaschen in heißer Rinderbouillon 10 bis 15 Minuten ziehen lassen.

Blumenkohl 10 Minuten in kaltes Salzwasser legen, dann herausnehmen und abtropfen lassen. In einen Topf Wasser, etwas Salz sowie wenig Zitronensaft geben und darin den Blumenkohl weich kochen. Blumenkohl nach Geschmack mit Muskat und Safran nachwürzen. Außerdem eine Sauce hollandaise herstellen. Diese Sauce wird grundsätzlich in einem heißen Wasserbad zubereitet, d. h., ein kleiner Topf nimmt die Saucenzutaten auf. Er hängt in einem zweiten, größeren Topf, der heißes Wasser enthält.

In den kleinen Topf Fleischbrühe geben. Eigelb, 4 Kaffeelöffel Zitronensaft, Salz sowie flüssige Butter unter ständigem Rühren dazugeben, bis die Sauce sämig ist. Dann mit weißem und Cayennepfeffer abschmecken. Wenn die Sauce zu dick ist, mit warmer, aber nicht heißer Brühe verdünnen.

Blumenkohl aus dem Sud nehmen, abtropfen lassen und gleichmäßig in kleine Stücke teilen.

Maultaschen, abgetropft und warm, auf 4 tiefe Teller verteilen, Blumenkohl darauflegen. Schinken, in Streifen geschnitten, und dann Sauce darübergeben. Mit Petersilie bestreuen und servieren.

Man kann auch das fertige Gericht mit Käse bestreuen und im vorgeheizten Backofen überbacken.

Dazu gibt es viel Salat.

Nachtisch

Schokoladenpudding mit Vanillesauce.

Trinkempfehlung

1 Glas Weißherbst vom Bodensee.

Mann ond Weib isch oi' Leib, aber net oi' Maga

Rezept 23

Weinsberger Weibertreu

(größter Liebesbeweis unserer Schwäbinnen)

mit leichter Tomatensauce, viel Rosinen, Pinienkernen und Zwiebeln

---

Zutaten für 4 Personen

12 Maultaschen
2 l Rinderbouillon
1 Handvoll Pinienkerne
100 g Butter
2 mittelgroße Zwiebeln
30–50 g Butter
4 gehäufte Eßlöffel Rosinen
500 g Tomaten
4 Eßlöffel Oliven- oder Pflanzenöl
200 g Rauchfleisch oder 100 g Salami
Salz, Zucker
Pfeffer
Rosenpaprika
1 Handvoll Schnittlauch oder Petersilie

Zubereitung

Maultaschen in heißer Rinderbouillon 10 Minuten ziehen lassen.

Pinienkerne mit 30 g Butter anrösten, bis sie angebräunt sind. Zwiebeln in Ringe schneiden und in 30 g Butter glasig dünsten.

Tomatensauce: siehe Rezept 3. In diese fertige Sauce gedünstete Zwiebeln, Pinienkerne und Rosinen geben, kurz aufkochen lassen und über die in 4 tiefen Tellern ohne Brühe angerichteten Maultaschen verteilen. Vor dem Servieren mit Petersilie oder Schnittlauch bestreuen.

Nachtisch

Warmer Camembert mit Preiselbeeren aus dem Schwarzwald.

Trinkempfehlung

1 Glas Weißwein, z. B. Kaiserstühler Müller-Thurgau.

Rezept 24

Götz von Berlichingen

(Wo viel Licht ist, ist starker Schatten)

mit feinem Rahmgulasch,
mit Käse überbacken

Zutaten für 4 Personen

12 Maultaschen
2 l Rinderbouillon
300 g Schweinefleisch
300 g Rindfleisch
2 Zwiebeln, geraspelt
1/2 Knolle Sellerie
Salz
Pfeffer
2 geschälte Tomaten
Rahm
Paprikagewürz
200 g geriebener Emmentaler
oder Goudakäse
1 Handvoll Petersilie

Zubereitung

Maultaschen in heißer Rinderbouillon 10 bis 15 Minuten ziehen lassen.
Gemischtes Rahmgulasch aus Rind- und Schweinefleisch und weiteren Zutaten herstellen.
Maultaschen aus der heißen Brühe nehmen, auf 4 tiefe Teller verteilen, Gulasch darübergeben. Mit Käse überstreuen und im vorgeheizten Backofen überbacken. Vor dem Servieren mit Petersilie garnieren.

Nachtisch

Vanilleeis mit Keksen.

Trinkempfehlung

1 Glas Rotwein (Schwarzriesling).

Rezept 25

Schnapsidee

(oder: internationale Gepflogenheiten)

mit zartem Räucherlachs
in weißer Sahnesauce

Zutaten für 4 Personen

12 Maultaschen
2 l Rinderbouillon
100 g Margarine
3–4 Eßlöffel Instantmehl
1/2 l Milch
1/4 l Sahne
2 Eigelb
Salz
weißer Pfeffer
1 Prise Zucker
250 g Räucherlachs (ca. 12 Scheiben)
1 gestrichener Kaffeelöffel Meerrettich
1 Eßlöffel Zitronensaft
1 Handvoll Dill

Zubereitung

Maultaschen in heißer Rinderbouillon etwa 10 Minuten ziehen lassen.
Weiße Sauce: siehe Rezept 13.
Oder Béchamelsauce: siehe Rezept 7.
Sauce mit Dill, Zitronensaft und Meerrettich abschmecken. Räucherlachs in feine Streifen schneiden, auf die in 4 Teller verteilten warmen Maultaschen ohne Brühe legen. Sauce darübergeben und Gericht, mit Schnittlauch garniert, servieren.
Dazu gibt es Salate der Saison.

Nachtisch

Süßer Vanillepudding
mit einigen Kirschen.

Trinkempfehlung

1 Glas milder Wein (weiß oder rot).

So send se:
Spätlese saufa, aber d Brezla
net zahla wölla

Schnapsidee

Rezept 26

Rauhe Alb

(sehr rauh, aber herzlich und ehrlich)

Maultaschen in
saurer schwäbischer Spezialsauce

Zutaten für 4 Personen

12 Maultaschen
2 l Rinderbouillon
100–120 g Margarine
3–4 Eßlöffel Mehl
2 feingeschnittene kleine Zwiebeln
1 l Bouillon
4 Eßlöffel Essig
3 Lorbeerblätter
1 Kaffeelöffel Senf
1 Zitronenscheibe
2 Gewürznelken
Salz
Pfeffer
1 Handvoll Petersilie

Zubereitung

Maultaschen in heißer Rinderbouillon 10 bis 15 Minuten ziehen lassen. Margarine in der Kasserolle erhitzen und darin Mehl ganz leicht anbräunen. Zwiebeln glasig dünsten, zum Mehl geben und mit Bouillon ablöschen. Essig, Senf, Lorbeerblätter, Salz, Pfeffer und Gewürznelken, die in der Zitronenscheibe stecken, hinzufügen, dann alles zusammen einmal aufkochen lassen. Zitronenscheibe, Nelken und Lorbeerblätter herausnehmen. Maultaschen aus der heißen Brühe nehmen und in 4 tiefe Teller verteilen. Sauce darübergeben und Gericht mit Petersilie garnieren.

Nachtisch

Makronentörtchen aus der Bäckerei.

Trinkempfehlung

1 Obstler, 1 Bier.

Rezept 27

Hohenstauferkraft

(Kaiser Rotbarts Trost)

mit frischem Kohlrabi in weißer Sauce

Zutaten für 4 Personen

12 Maultaschen
2 l Rinderbouillon
4 schöne Kohlrabi
1/2 l Rinderbouillon
1/8 l Sahne
100 g Butter
2–3 Eßlöffel Instantmehl
1/2 geriebene Muskatnuß
Prise Salz
Prise Pfeffer
wenig Zucker
kleingeschnittene, rohe
Kohlrabiherzblätter

Zubereitung

Maultaschen in heißer Rinderbouillon 10 bis 15 Minuten ziehen lassen.

Kohlrabi putzen, holzigen Teil wegschneiden, dann in Scheiben schneiden. In einen Topf geben, mit Bouillon auffüllen und etwa 10 Minuten kochen, bis die Kohlrabi weich sind.

Butter in einen Topf geben, erhitzen und mit Instantmehl vermengen. Brühe von den Kohlrabi unter ständigem Rühren dazugeben, außerdem Muskat, Pfeffer, Zucker und Salz. Dann Sahne unterrühren und alles kurz aufkochen lassen.

Maultaschen aus der heißen Brühe nehmen und auf 4 Teller gleichmäßig verteilen. Sauce mit den Kohlrabi darübergeben. Mit den Herzblättern garnieren.

Nachtisch

1 Stück Schwarzwälder Kirschtorte.

Trinkempfehlung

1 Glas frischer oder durchgegorener schwäbischer Most.

Rezept 28

Om Schtuagert rom

(Spezialität der schwäbischen Unterländer)

mit frischem Weinkraut

Zutaten für 4 Personen

12 Maultaschen
2 l Rinderbouillon
1 Kopf Weißkraut (etwa 1 kg)
4 Eßlöffel Schweineschmalz
200 g gerauchter Speck, gewürfelt
1 feingeschnittene mittelgroße Zwiebel
1/4 l Bouillon
1 gestrichener Kaffeelöffel Kümmel
1 Prise Zucker
4 Eßlöffel Essig
Salz
Pfeffer

Zubereitung

Maultaschen in heißer Rinderbouillon 10 bis 15 Minuten ziehen lassen.

Einen Kopf Weißkraut waschen, dabei die äußeren schlechten Blätter entfernen. In der Mitte durchschneiden und Strunk herauslösen, danach in Streifen schneiden. In einem großen Topf Speckwürfel in Schweineschmalz leicht anrösten. Zunächst Zwiebel, dann Kraut dazugeben und mit Bouillon auffüllen. Mit Kümmel, Salz, Pfeffer, Zucker und Essig abschmekken. Alles weich kochen lassen.

Maultaschen aus der heißen Brühe nehmen und auf 4 tiefe Teller verteilen. Kraut darübergeben.

Nachtisch

1/2 Birne, gefüllt mit gesüßten Preiselbeeren.

Trinkempfehlung

Schwarzwälder Kirschwasser, frisches Bier.

Rezept 29

Bronnabudser

(hart arbeitende, freundliche öffentlich Bedienstete)

mit frischem Wirsing und schwäbischen Landjägern

Zutaten für 4 Personen

12 Maultaschen
2 l Rinderbouillon
1 großer Kopf frischer Wirsing
200 g Margarine
2 feingeschnittene kleine Zwiebeln
1/2 l Bouillon
1 Prise Salz
1 Messerspitze Muskat
2 Eßlöffel Speisestärke
4 schwäbische Landjäger, in Scheiben geschnitten
1 Eßlöffel Fett
1 Handvoll Petersilie

Zubereitung

Maultaschen in heißer Rinderbouillon 10 bis 15 Minuten ziehen lassen.

Vom Wirsing äußere Blätter entfernen, dann ihn waschen und in kleine Stücke schneiden, dabei den Strunk entfernen. Margarine in der Kasserolle zerlaufen lassen, Zwiebeln dazugeben und hellgelb rösten. Dann Wirsing hineingeben und kurze Zeit darin erhitzen. Mit Bouillon ablöschen und mit Salz sowie Muskat würzen. 30 bis 40 Minuten leicht kochen lassen (im Dampfkochtopf einmal hochkochen lassen). Speisestärke mit 2 Eßlöffeln kaltem Wasser verrühren und dem weichen Gemüse zum Binden beigeben.

Landjäger mit Fett kurz anbraten.

Maultaschen aus der heißen Brühe nehmen, auf 4 tiefe Teller verteilen und darauf die Landjägerstücke legen. Danach mit dem garen Wirsing bedecken und jede Portion vor dem Servieren mit Petersilie garnieren.

Nachtisch

Kleine Pfannkuchen mit Zimt und Zucker.

Trinkempfehlung

1 Glas Bier, 1 Zwetschgenwässerle.

Zom Essa: vorliega,
zom Trenka: zrückliega,
zom Schaffa: na'liega

Rezept 30

Raubritter

(Schloßvogts stille Liebe)

in pikanter Kapernsauce

Zutaten für 4 Personen

12 Maultaschen
2 l Rinderbouillon
100–120 g Margarine
3–4 Eßlöffel Instantmehl
1/2 l Milch
1/4 l Rahm
Salz
weißer Pfeffer
Muskat
Prise Zucker
Spritzer Angostura oder Worcestersauce
3 gehäufte Eßlöffel Kapern
feingehackte Petersilie

Zubereitung

Maultaschen in heißer Rinderbouillon 10 Minuten ziehen lassen.

Pikante Kapernsauce: Margarine im Topf zerlaufen lassen, dann Instantmehl einrühren, bis die Masse zu dicken beginnt. Milch und Sahne dazugeben und auf kleinem Feuer weiterrühren, bis Blasen erscheinen. Danach Salz, weißen Pfeffer, Zucker, Muskat sowie Angostura oder Worcestersauce einrühren. Noch auf dem Feuer Kapern darunterrühren.

Inzwischen Maultaschen aus der Brühe nehmen (diese kann man am nächsten Tag für eine gute Suppe verwenden) und auf 4 Teller verteilen. Sauce darübergießen, nach Wahl Petersilie darüberstreuen und Gericht heiß servieren.

Dazu gibt es Salate der Saison oder schwäbischen Kartoffelsalat.

Nachtisch

Fruchtsalat mit einem Schuß Kirschwasser und Zucker.

Trinkempfehlung

1/4 l Württemberger Weißwein.

Raubritter

Rezept 31

Metzingers Bierbrauerschmaus

(Spezialität nach der schönen Sabine)

Zutaten für 4 Personen

12 Maultaschen
2 l Rinderbouillon
250–300 g Speck, in Würfelchen geschnitten
2 kleine Dosen Champignons (III. Wahl)
1 großer Bund Petersilie, gehackt
1/4 l Bouillon
1/4 l Sahne
3 Eigelb
2 Eßlöffel Zitronensaft
Pfeffer
Muskat
2 Eßlöffel Sherry oder Cognac
etwas Öl

Zubereitung

Maultaschen in heißer Rinderbouillon 10 bis 15 Minuten ziehen lassen.

Speck 10 bis 15 Minuten auf kleiner Flamme mit einem Eßlöffel Öl auslassen, dann mit Sherry oder Cognac ablöschen. Champignons dazugeben und mit Pfeffer sowie Muskat abschmecken. Das Ganze auf kleiner Flamme weitere 10 Minuten ziehen lassen. Bouillon, Sahne sowie Petersilie hinzugeben und vorsichtig Eigelb unterrühren. Zum Eindicken der Sauce kann auch noch ein Eßlöffel Instantmehl dazugegeben werden. Kurz vor dem Servieren noch etwas Zitronensaft hinzugeben.

Heiße Maultaschen in eine Schüssel oder in 4 einzelne Portionenformen geben und Sauce darübergießen. Zur Garnierung kann noch etwas Petersilie darübergestreut werden.

Nachtisch

Gewürfelter Hartkäse mit Weintrauben.

Trinkempfehlung

Rotwein (Trollinger) aus der Heilbronner Gegend.

Lieber meh essa, als z'wenig trenka

Rezept 32

Staufischer Sizilienschmaus

(die Welteroberer vom Hohenstaufen bei Göppingen)

Ein besonders pikantes Gericht, das schon die alten schwäbischen Kreuzritter kennengelernt haben.

Zutaten für 4 Personen

12 Maultaschen
2 l Rinderbouillon
500 g Tomaten (oder eine große Dose geschälte Tomaten)
4–5 Eßlöffel Oliven- oder Pflanzenöl
250 g kleingeschnittenes Rauchfleisch
150 g kleingeschnittene Salami
10 entkernte schwarze Oliven
2 Kaffeelöffel Kapern
3–5 kleingeschnittene milde Peperoni
Salz, Pfeffer
1 Kaffeelöffel getrocknetes Basilikum
1/8 l Rahm

Zubereitung

Maultaschen in heißer Rinderbouillon 10 bis 15 Minuten ziehen lassen.

500 g Tomaten einritzen und mit kochendem Wasser überbrühen, bis die Tomaten bedeckt sind, dann die Haut abziehen. Wer keine Zeit hat, nimmt geschälte Tomaten aus der Dose.

In eine Kasserolle Oliven- oder Pflanzenöl geben. Rauchfleisch und Salami dazugeben und etwa 10 Minuten lang dünsten. Oliven, in feine Scheiben geschnitten, und Kapern sowie Peperoni dazugeben. Das Ganze etwa weitere 10 Minuten ziehen lassen, dann Tomaten darunterrühren, ebenso je nach Geschmack Salz, Pfeffer sowie Basilikum. Zuletzt Sahne unterrühren.

Maultaschen aus der Bouillon nehmen und in eine vorbereitete Form geben. Hierüber Tomatensauce verteilen und Gericht servieren.

Dazu passen am besten frische Salate der Saison.

Nachtisch

Vanilleeis mit heißen Himbeeren.

Trinkempfehlung

Trockener Rotwein oder Exportbier.

Wenn Grombira durch da' Saumaga ganga send, schmecket se besser

Inhaltsverzeichnis